AF220395

Impressum
Verlag: BABADADA GmbH, Nedderfeld 112 , 22529 Hamburg
Geschäftsführer / Verlagsleitung: Harald Hof
Druck: Books on Demand GmbH, In de Tarpen 42, 22848 Norderstedt

Imprint
Publisher: BABADADA GmbH, Nedderfeld 112 , 22529 Hamburg, Germany
Managing Director / Publishing direction: Harald Hof
Print: Books on Demand GmbH, In de Tarpen 42, 22848 Norderstedt, Germany

اسکول

5ch00l

تقسیم کریں
d1v1d3
186/2
کمره جماعت
cl455r00m
بورڈ
b04rd
سکول کا صحن
اُستاد
734ch3r
کاغذ
p4p3r
لکھنا
wr173
قلم
p3n
میز
d35k
پیمانہ
rul3r
کتاب
b00k
شاگرد
pup1l

بستہ

547ch3l

پینسل کیس

p3nc1l c453

پینسل

p3nc1l

پینسل شارپنر

p3nc1l 5h4rp3n3r

ربڑ

rubb3r

ڈرائنگ پیڈ

dr4w1n6 p4d

ڈرائنگ

....

dr4w1n6

پینٹ برش

....

p41n7bru5h

پینٹ باکس

....

p41n7 b0x

قینچی

....

5c1550r5

گوند

....

6lu3

مشق کی کاپی

....

3x3rc153 b00k

ہوم ورک

....

h0m3w0rk

ہندسہ

....

numb3r

2+2

جمع کریں

....

4dd

5-2

منفی کریں

....

5ub7r4c7

2×2

ضرب دیں

....

mul71ply

شمارکریں

....

c4lcul473

A

خط

....

l3773r

ABCDEFG
HIJKLMN
OPQRSTU
VWXYZ

حروف تہجی

....

4lph4b37

hello

لفظ

....

w0rd

متن

73x7

پڑھنا

r34d

چاک

ch4lk

سبق

l3550n

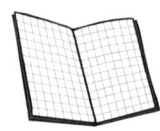

اندراج

r361573r

امتحان

3x4m1n4710n

سند

c3r71f1c473

سکول یونیفارم

5ch00l un1f0rm

تعلیم

3duc4710n

انسائیکلوپیڈیا

3ncycl0p3d14

یونیورسٹی

un1v3r517y

خورد بین

m1cr05c0p3

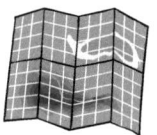

نقشہ

m4p

ویسٹ پیپر باسکٹ

w4573-p4p3r b45k37

بوٹل
h073l

Grand

ہاسٹل
h0573l

ROOMS

£CHANGE

رقم تبدیل کرانے کیلئے دفتر
curr3ncy 3xch4n63 0ff1c3

سوٹ کیس
5u17c453

کار
c4r

زبان
....
l4n6u463

ہاں / نہیں
....
y35 / n0

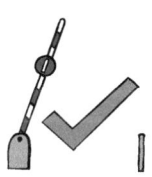

ٹھیک ہے
....
0k4y

ہیلو
....
h3ll0

مُترجم
....
7r4n5l470r

شُکریہ
....
7h4nk y0u

؟... کی کیا قیمت ہے

h0w much 15

میں نہیں سمجھتا

1 d0 n07 und3r574nd

مشکل

pr0bl3m

!شام بخیر

600d 3v3n1n6!

!صبح بخیر

600d m0rn1n6!

!شب بخیر

600d n16h7!

الوداع

600dby3

سمت

d1r3c710n

سفری سامان

lu66463

بیگ

b46

بیگ پیک

b4ckp4ck

مہمان

6u357

کمرہ

r00m

سلیپنگ بیگ

5l33p1n6 b46

ٹینٹ

73n7

سیاحوں کے لئے معلومات

70ur157 1nf0rm4710n

ساحل

b34ch

کریڈٹ کارڈ

cr3d17 c4rd

ناشتہ

br34kf457

لنچ

lunch

ڈنر

d1nn3r

ٹکٹ

71ck37

لفٹ

3l3v470r

مُہر

574mp

سرحد

b0rd3r

کسٹمز

cu570m5

سفارت خانہ

3mb455y

ویزا

v154

پاسپورٹ

p455p0r7

نقل وحمل
7r4n5p0r7

ہوائی جہاز
41rpl4n3
سمندری جہاز
5h1p
آگ بُجھانےوالی گاڑی
f1r3 7ruck
بس
bu5
ٹرک
7ruck
موٹربوٹ
m070rb047
سائیکل
b1k3
کار
c4r

فیری
f3rry

کشتی
b047

موٹرسائیکل
m070rb1k3

پولیس کار
p0l1c3 c4r

ریسنگ کار
r4c1n6 c4r

کرایہ پرکار
r3n74l c4r

کار کا اشتراک کرنا

c4r 5h4r1n6

کھینچنے والا ٹرک

70w 7ruck

کوڑے والا ٹرک

64rb463 7ruck

کار

3n61n3

ایندھن

fu3l

پٹرول اسٹیشن

fu3l 574710n

ٹریفک کے نشانات

7r4ff1c 516n

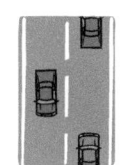

ٹریفک

7r4ff1c

ٹریفک جام

7r4ff1c j4m

کار پارک

p4rk1n6 l07

ٹرین اسٹیشن

7r41n 574710n

پٹڑیاں

7r4ck5

ٹرین

7r41n

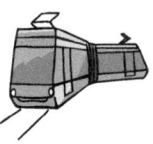

ٹرام

7r4m

ویگن

w460n

بیلی کاپٹر

h3l1c0p73r

ائرپورٹ

41rp0r7

ٹاور

70w3r

مسافر

p4553n63r

کنٹینر

c0n741n3r

ڈبہ

c4r70n

ریڑھا

c4r7

ٹوکری

b45k37

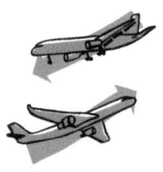

اڑان بھرنا / زمین پر اترنا

74k3 0ff / l4nd

شہر

c17y

گاؤں

v1ll463

سٹی سنٹر

c17y c3n73r

مکان

h0u53

سنیما
m0v13 7h3473r
اشتہار
4dv3r7
اسٹریٹ لیمپ
57r337 l16h7
گلی
57r337
ٹیکسی
74x1
اسنیک شاپ
5n4ck 5h0p
پیدل چلنے والا
p3d357r14n
پختہ راستہ
51d3w4lk
پارکرنے کی جگہ
cr0551n6
زیبرا کراسنگ
z3br4 cr0551n6
بن
dump573r
ٹریفک لائٹس
7r4ff1c l16h75

ہٹ

hu7

فلیٹ

4p4r7m3n7

ٹرین اسٹیشن

7r41n 574710n

ٹاؤن ہال

c17y h4ll

عجائب گھر

mu53um

اسکول

5ch00l

یونیورسٹی
....
un1v3r517y

بینک
....
b4nk

ہسپتال
....
h05p174l

ہوٹل
....
h073l

فارمیسی
....
ph4rm4cy

دفتر
....
0ff1c3

کتابوں کی دکان
....
b00k 5h0p

دکان
....
5h0p

پھولوں کی دُکان
....
fl0w3r 5h0p

سُپرمارکیٹ
....
5up3rm4rk37

مارکیٹ
....
m4rk37

ڈیپارٹمنٹ سٹور
....
d3p4r7m3n7 570r3

مچھلی کی دُکان
....
f15hm0n63r'5 5h0p

شاپنگ سنٹر
....
m4ll

بندرگاہ
....
h4rb0r

پارک

p4rk

بنچ

b3nch

پُل

br1d63

سیڑھیاں

5741r5

انڈرگراؤنڈ

5ubw4y

سرُنگ

7unn3l

بس اسٹاپ

bu5 570p

شراب خانہ

b4r

ریسٹورنٹ

r3574ur4n7

پوسٹ باکس

p057b0x

اسٹریٹ سائن

57r337 516n

پارکنگ میٹر

p4rk1n6 m373r

چڑیا گھر

z00

سوئمنگ پول

5w1mm1n6 p00l

مسجد

m05qu3

کھیت

f4rm

آلودگی

p0llu710n

قبرستان

c3m373ry

چرچ

church

کھیل کا میدان

pl4y6r0und

مندر

73mpl3

منظر

l4nd5c4p3

پتہ
l34f
رہنمائی کے لئے لگا ہوا بورڈ
516np057
راستہ
p47h
سبزہ زار
m34d0w
پتھر
570n3
درخت
7r33
پیدل چلنے والا، ہائکر
h1k3r
دریا
r1v3r
گھاس
6r455
پھول
fl0w3r

وادی	پہاڑی	جھیل
v4ll3y	h1ll	l4k3
	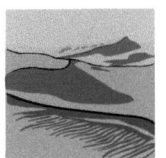	
جنگل	صحرا	آتش فشاں
f0r357	d353r7	v0lc4n0

قلعہ	قوس قزح	کھمبی
c457l3	r41nb0w	mu5hr00m

کجھور کا درخت	مچھر	مکھی
p4lm 7r33	m05qu170	fly

چیونٹی	مکھی	مکڑا
4n7	b33	5p1d3r

بھونرا
....
b337l3

مینڈک
....
fr06

گلہری
....
5qu1rr3l

خارپُشت
....
h3d63h06

خرگوش
....
h4r3

اُلو
....
0wl

پرندہ
....
b1rd

راج ہنس
....
5w4n

سؤر
....
b04r

ہرن
....
d33r

امریکی بارہ سنگھا
....
m0053

ڈیم
....
d4m

ہوا سے چلنے والی ٹربائین
....
w1nd 7urb1n3

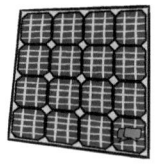

سولر پینل
....
50l4r p4n3l

آب وہوا
....
cl1m473

ریسٹورنٹ

r3574ur4n7

ویٹر
w4173r
مینیو
m3nu
ch41r
سوپ
50up
پیزا
p1zz4
کٹلری
cu7l3ry
ٹیبل کلاتھ
74bl3cl07h

استارٹر
....
574r73r

مین کورس
....
m41n c0ur53

ڈیزرٹ
....
d3553r7

مشروبات
....
dr1nk5

کھانےکی اشیاء
....
f00d

بوتل
....
b077l3

فاسٹ فوڈ

f457 f00d

اسٹریٹ فوڈ

57r337 f00d

چائےدانی

734p07

شوگرباکس

5u64r b0wl

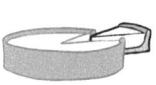

حصہ

p0r710n

ایسپریسو مشین

35pr3550 m4ch1n3

اونچی کرسی

h16h ch41r

بل

b1ll

ٹرے

7r4y

چھُری

kn1f3

کانٹا

f0rk

چمچ

5p00n

چائےکا چمچ

7345p00n

سروینیٹی

53rv13773

شیشہ

6l455

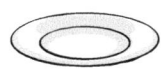

پلیٹ

pl473

سوپ پلیٹ

50up pl473

طشتری

54uc3r

چٹنی

54uc3

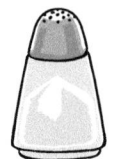

سالٹ شیکر

54l7 5h4k3r

پیپرمل

p3pp3r m1ll

سرکہ

v1n364r

خوردنی تیل

01l

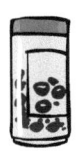

مصالحے

5p1c35

کیچپ

k37chup

سرسوں

mu574rd

میئونیز

m4y0nn4153

سُپرمارکیٹ

5up3rm4rk37

خصوصی پیشکش
5p3c14l 0ff3r
FOR
گاہک
cu570m3r
ڈیری
d41ry pr0duc75
پھل
fru17
ٹرالی
5h0pp1n6 c4r7

گوشت کی دُکان

bu7ch3r'5 5h0p

بیکری

b4k3ry

وزن کرنا

w316h

سبزیاں

v36374bl35

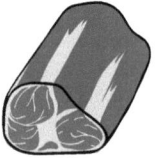

گوشت

m347

جما ہوا کھانا

fr0z3n f00d

کولڈ کٹس

c0ld cu75

ڈبےمیں بند کھانا

c4nn3d f00d

واشنگ پاؤڈر

d373r63n7

مٹھائیاں

c4ndy

گھریلو مصنوعات

h0u53h0ld pr0duc75

صاف کرنےکیلئےمصنوعات

cl34n1n6 pr0duc75

سیلزپرسن

54l35 r3pr353n7471v3

کیش رجسٹر

c45h r361573r

کیشئیر

c45h13r

خریداری کی فہرست

5h0pp1n6 l157

اوقات کار

0p3n1n6 h0ur5

بٹوہ

w4ll37

کریڈٹ کارڈ

cr3d17 c4rd

تھیلا

b46

پلاسٹک کےتھیلے

pl4571c b46

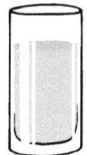

مشروبات

dr1nk5

پانی

w473r

جوس، رس

ju1c3

دودھ

m1lk

کوک

c0k3

وائن

w1n3

بیئر

b33r

الکوحل

4lc0h0l

کوکوآ

c0c04

چائے

734

کافی

c0ff33

ایسپریسو

35pr3550

کپاچینو

c4ppucc1n0

کھانےکی اشیاء

f00d

کیلا

b4n4n4

سیب

4ppl3

مالٹا

0r4n63

خربوزہ

m3l0n

لیموں

l3m0n

گاجر

c4rr07

لہسن

64rl1c

بانس

b4mb00

پیاز

0n10n

کھُمبی

mu5hr00m

اخروٹ، بادام وغیرہ

nu75

نوڈلز

n00dl35

اسپیگیٹی

....

5p46h3771

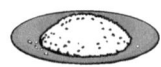

چاول

....

r1c3

سلاد

....

54l4d

چپس

....

fr135

تلے گئے آلو

....

fr13d p0747035

پیزا

....

p1zz4

ہیم برگر

....

h4mbur63r

سینڈوچ

....

54ndw1ch

کٹلیٹ

....

35c4l0p3

سؤر کی ران کا گوشت

....

h4m

گوشت کی اطالوی ساسیج

....

54l4m1

ساسیج

....

54u5463

مُرغی

....

ch1ck3n

روسٹ

....

r0457

مچھلی

....

f15h

جئی کا دلیہ

p0rr1d63 0475

میوزلی

mu35l1

کارن فلیکس

c0rnfl4k35

آٹا

fl0ur

کروئیسنٹ

cr01554n7

بریڈ رول

br34d r0ll

بریڈ

br34d

ٹوسٹ

70457

بسکٹ

c00k135

مکھن

bu773r

دہی

curd

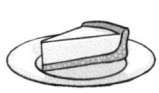

کیک

c4k3

انڈا

366

فرائی کیا گیا انڈہ

fr13d 366

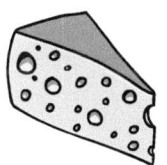

پنیر

ch3353

آئس کریم

1c3 cr34m

چینی

5u64r

شہد

h0n3y

جام

j3lly

ناؤگٹ کریم

n0u647 cr34m

سالن

curry

کھیت

f4rm

کھلیان
b4rn
تنکوں کی گانٹھ
57r4w b4l3
کھیت
f13ld
گھوڑا
h0r53
ٹریلر
7r41l3r
ٹریکٹر
7r4c70r
گھوڑے کا بچہ
f04l
گدھا
d0nk3y
بھیڑ
5h33p
میمنہ
l4mb

بکری
....
6047

گائے
....
c0w

بچھڑا
....
c4lf

سؤر
....
p16

سؤر کا بچہ
....
p16l37

سانڈ
....
bull

کھیت - f4rm

راج ہنس

60053

بطخ

duck

چوزہ

ch1ck

مُرغی

h3n

مُرغا

c0ck3r3l

چوہا

r47

بلی

c47

چوہا

m0u53

بیلچہ

0x

کُتا

d06

کُتے کا گھر

d06 h0u53

گارڈن ہاؤس

64rd3n h053

پانی کا کین

w473r1n6 c4n

درانتی

5cy7h3

ہل

pl0u6h

درانتی

....

51ckl3

بیلچہ

....

h03

ترنگل

....

p17chf0rk

کلہاڑا

....

4x3

ہتہ گاڑی

....

pu5hc4r7

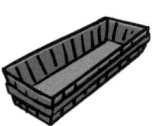

حوض

....

7r0u6h

دودھ کا کین

....

m1lk c4n

تھیلا

....

54ck

باڑ

....

f3nc3

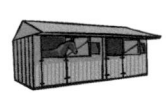

اصطبل

....

574bl3

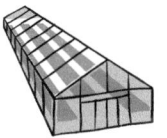

گرین ہاؤس

....

6r33nh0u53

مٹی

....

501l

بیج

....

533d

فرٹیلائیزر

....

f3r71l1z3r

کمبائن ہارویسٹر

....

c0mb1n3 h4rv3573r

فصل کاٹنا

h4rv357

فصل کاٹنا

h4rv357

افریقی آلو

y4m5

گندم

wh347

سویا

50y4

آلو

p07470

مکئی

c0rn

توریا کا تیل

r4p3533d

پھلدار درخت

fru17 7r33

کساوا

m4n10c

دلیہ

6r41n

مکان
h0u53

چمنی
ch1mn3y
چھت
r00f
نیچےجانےوالا پائپ
d0wn5p0u7
کھڑکی
w1nd0w
گیراج
64r463
دروازےکی گھنٹی
d00rb3ll
دروازہ
d00r
کوڑےکی ٹوکری
7r45h c4n
لیٹرباکس
m41lb0x
گارڈن
64rd3n

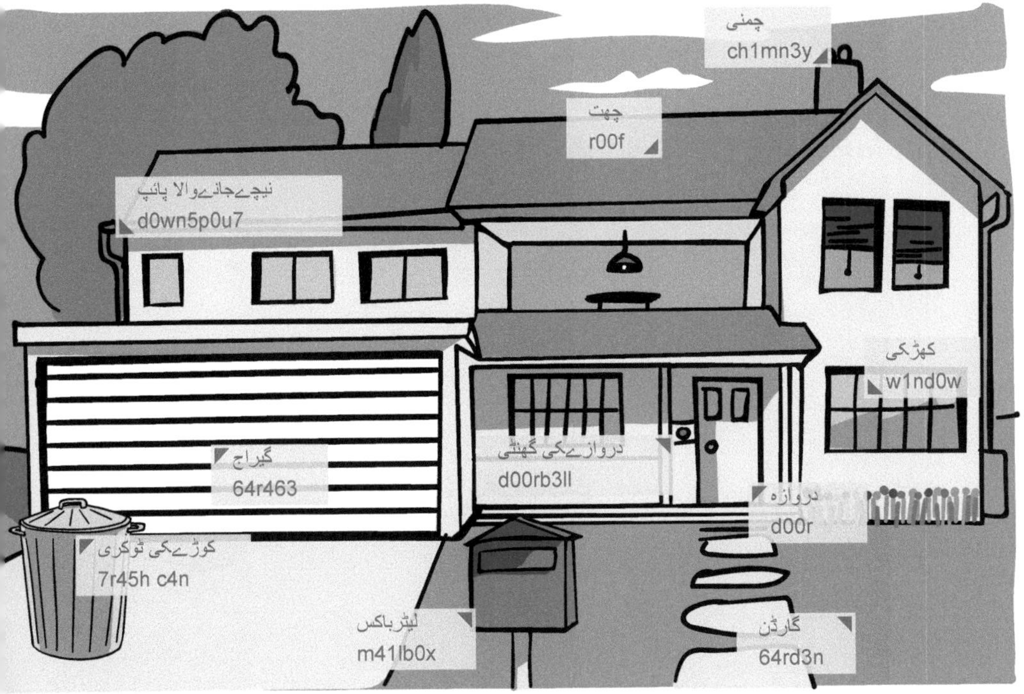

لوونگ روم

l1v1n6 r00m

غُسل خانہ

b47hr00m

باورچی خانہ

k17ch3n

بیڈروم

b3dr00m

بچوں کا کمرہ

ch1ld'5 r00m

کھانےکا کمرہ

d1n1n6 r00m

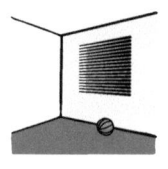

فرش

fl00r

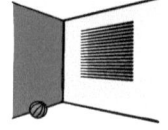

دیوار

w4ll

چھت

c31l1n6

تہ خانہ

c3ll4r

سوانا

54un4

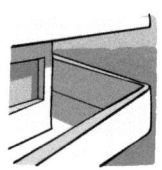

بالکونی

b4lc0ny

ٹیریس

73rr4c3

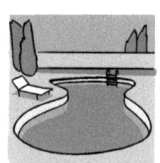

پول

p00l

گھاس کاٹنے کی مشین

l4wn m0w3r

چادر

5h337

چادر

b3d5pr34d

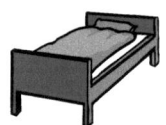

بستر

b3d

جھاڑو

br00m

بالٹی

buck37

سوئچ

5w17ch

لوونگ روم

l1v1n6 r00m

وال پیپر
w4llp4p3r
تصویر
p1c7ur3
لیمپ
l4mp
شیلف
5h3lf
الماری
c4b1n37
ٹیلی ویژن
73l3v1510n
آتش دان
f1r3pl4c3
پھول
fl0w3r
کُشن
cu5h10n
صوفہ
50f4
گلدان
v453
ریموٹ کنٹرول
r3m073 c0n7r0l

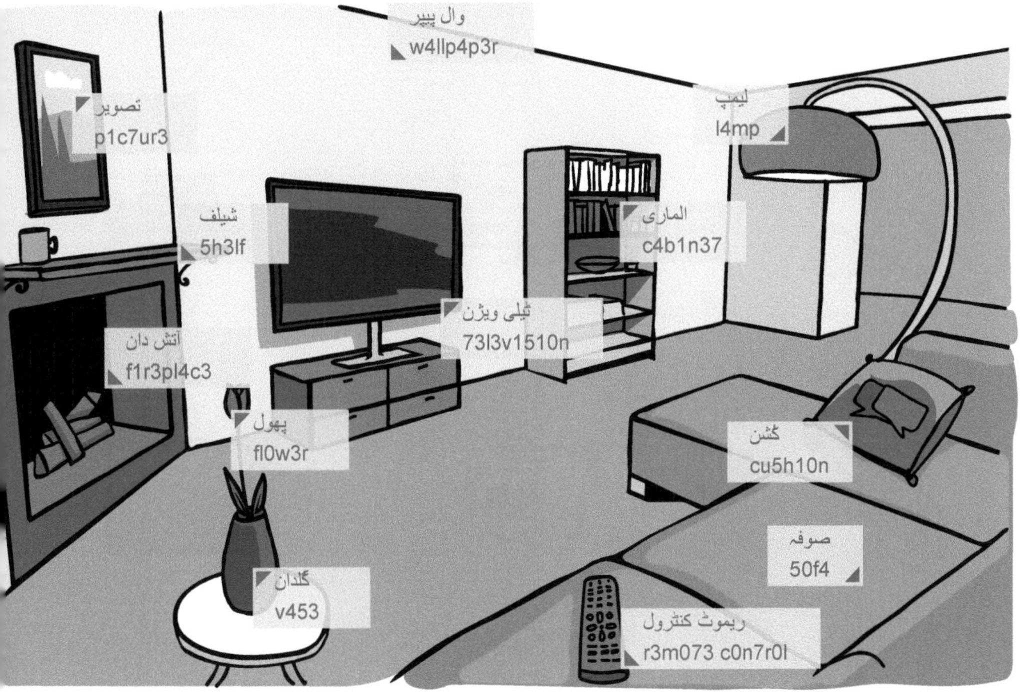

قالین

c4rp37

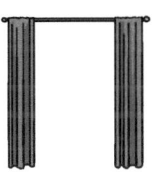

پردے

dr4p3

میز

74bl3

کُرسی

ch41r

ہلنےوالی کُرسی

r0ck1n6 ch41r

آرام کُرسی

4rmch41r

کتاب

b00k

کمبل

bl4nk37

آرائش

d3c0r4710n

جلانےکی لکڑی

f1r3w00d

فلم

f1lm

ہائی فائی

573r30 5y573m

چابی

k3y

اخبار

n3w5p4p3r

پینٹنگ

p41n71n6

پوسٹر

p0573r

ریڈیو

r4d10

نوٹ بُک

n073b00k

ویکیوم کلینر

v4cuum cl34n3r

کیکٹس

c4c7u5

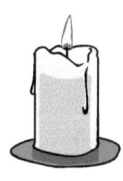

موم بتی

c4ndl3

باورچی خانہ
k17ch3n

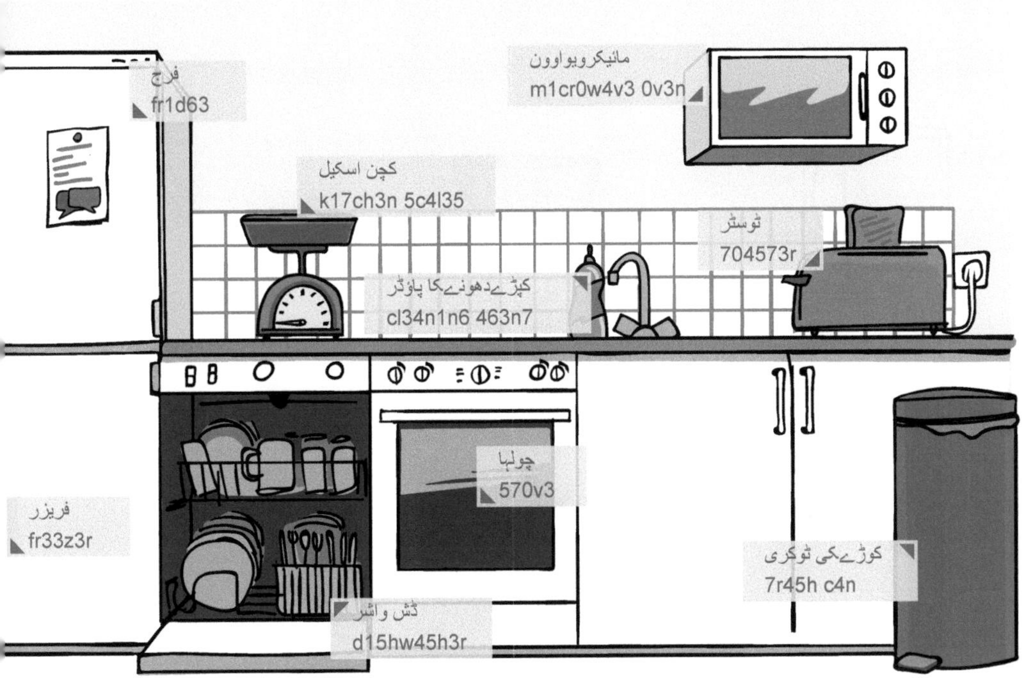

فرج
fr1d63
مائیکروویواوون
m1cr0w4v3 0v3n
کچن اسکیل
ٹوسٹر
704573r
کپڑےدھونےکا پاؤڈر
cl34n1n6 463n7
چولہا
570v3
فریزر
fr33z3r
کوڑےکی ٹوکری
7r45h c4n
ڈش واشر
d15hw45h3r

کُکر

c00k3r

برتن

p07

لوہےکا برتن

c457-1r0n p07

کڑاہی

w0k / k4d41

برتن

p4n

کیتلی

k377l3

استیمر
....
5734m3r

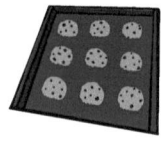

بیکنگ ٹرے
....
b4k1n6 7r4y

کراکری
....
cr0ck3ry

مگ
....
mu6

پیالہ
....
b0wl

چاپ اسٹکس
....
ch0p571ck5

ڈوئی
....
l4dl3

کفچہ
....
5p47ul4

جھاڑودینا
....
wh15k

مقطر
....
57r41n3r

چھلنی
....
513v3

گریٹر
....
6r473r

کونڈی
....
m0r74r

باربی کیو
....
b4rb3cu3

کھلی آگ
....
f1r3pl4c3

چاپنگ بورڈ

ch0pp1n6 b04rd

بیلن

r0ll1n6 p1n

کارک اسکریو

c0rk5cr3w

کین

c4n

کین اوپنر

c4n 0p3n3r

برتن پکڑنےوالا کپڑا

0v3n cl07h

سنک

51nk

برش

bru5h

اسپونج

5p0n63

بلینڈر

bl3nd3r

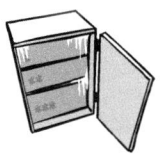

ڈیپ فریز

d33p fr33z3r

بچےکی بوتل

b4by b077l3

ٹونٹی

74p

غُسل خانہ

b47hr00m

h3471n6
تولیہ
70w3l
شاور
5h0w3r
شاورکرٹن
5h0w3r cur741n
ببل باتھ
bubbl3 b47h
باتھ ٹب
b47h7ub
شیشہ
6l455
واشنگ مشین
w45h1n6 m4ch1n3
ٹونٹی
74p
ٹائلیں
71l35
پاٹی
p077y
سنک
51nk

ٹائلٹ

701l37

دوزانوں بیٹھنےوالی ٹائلٹ

5qu47 701l37

نچلاحصہ دھونےکیلئےپاٹ

b1d37

پیشاب گاہ

ur1n4l

ٹائلٹ پیپر

701l37 p4p3r

ٹائلٹ برش

701l37 bru5h

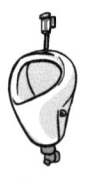

ٹوتھ برش

7007hbru5h

ٹوتھ پیسٹ

7007hp4573

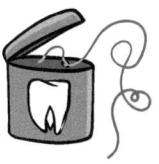

ڈینٹل فلاس

d3n74l fl055

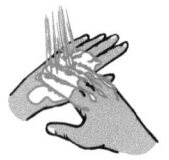

دھونا

w45h

ہینڈ شاور

h4nd 5h0w3r

شاور

d0uch3

بیسن

b451n

بیک برش

b4ck bru5h

صابن

504p

شاورجل

5h0w3r 63l

شیمپو

5h4mp00

فلالین

fl4nn3l

ڈرین

dr41n

کریم

cr3m3

ڈیوڈورنٹ

d30d0r4n7

آئینہ

m1rr0r

ہاتھ میں پکڑا جانے والا آئینہ

h4nd m1rr0r

ریزر

r4z0r

شیونگ فوم

5h4v1n6 f04m

آفٹرشیو

4f73r5h4v3

کنگھی

c0mb

برش

bru5h

ہیئرڈرائر

h41r-dry3r

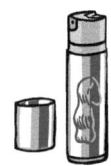

ہیئراسپرے

h41r5pr4y

میک اپ

m4k3up

لپ اسٹک

l1p571ck

نیل وارنش

n41l v4rn15h

روئی

c0770n w00l

ناخن کاٹنے کی قینچی

n41l 5c1550r5

پرفیوم

p3rfum3

واش بیگ
....
w45hb46

پاخانہ
....
5700l

وزن کرنےکی مشین
....
w316h1n6 5c4l35

باتھ روب
....
b47hr0b3

ربڑکےدستانے
....
rubb3r 6l0v35

ٹیمپون
....
74mp0n

سینیٹری ٹاول
....
54n174ry 70w3l

کیمیکل ٹائلٹ
....
ch3m1c4l 701l37

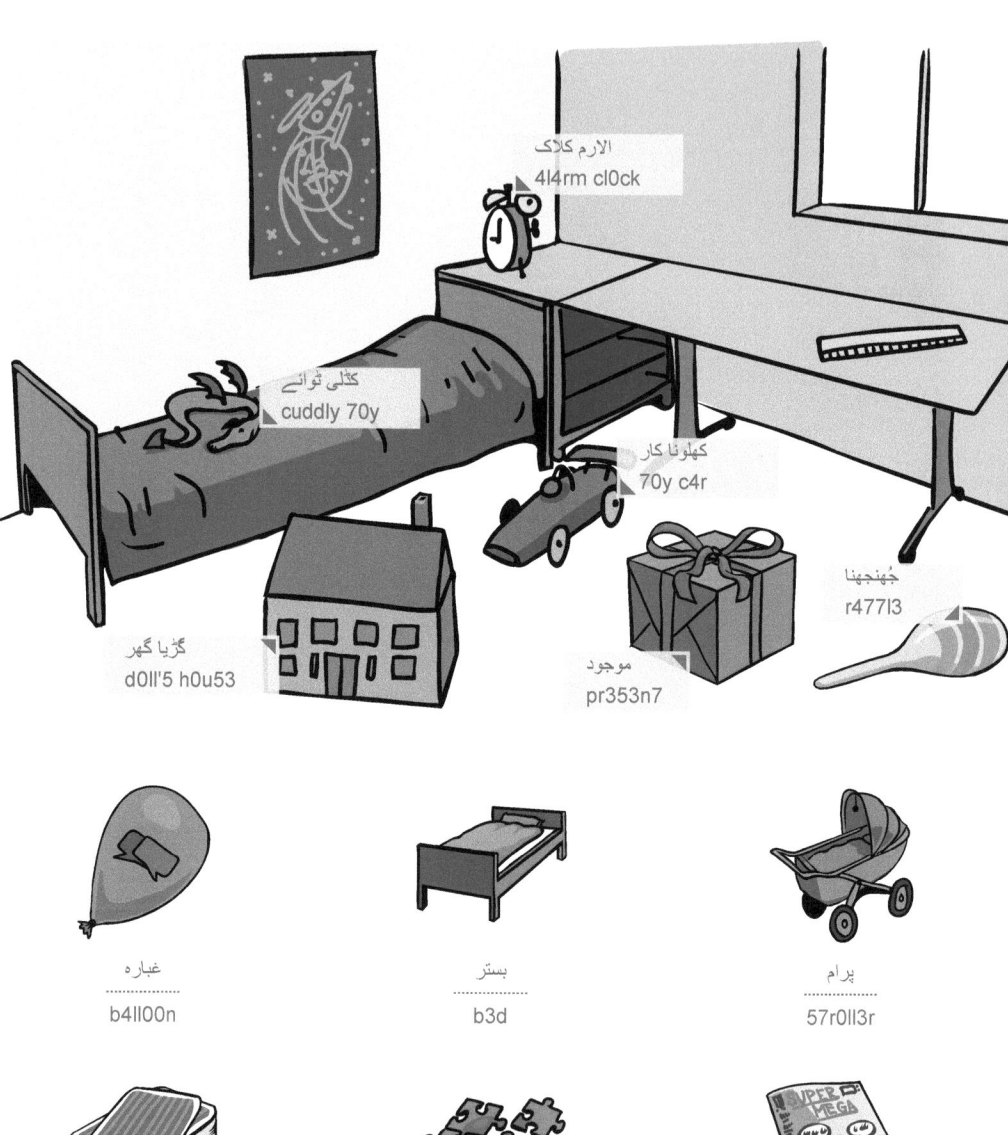

بچوں کا کمرہ
ch1ld'5 r00m

الارم کلاک
4l4rm cl0ck
کڈلی ٹوائے
cuddly 70y
کھلونا کار
70y c4r
گڑیا گھر
d0ll'5 h0u53
موجود
pr353n7
جُھنجھنا
r477l3

غبارہ

b4ll00n

بستر

b3d

پرام

57r0ll3r

ڈیک آف کارڈز

d3ck 0f c4rd5

جگسا

j1654w

کامک

c0m1c

لیگوبرکس

l360 br1ck5

کھلونا بلاکس

70y bl0ck5

ایکشن فگر

4c710n f16ur3

بچےکا لباس

r0mp3r 5u17

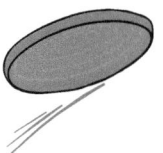

فرسبی

fr15b33

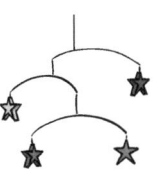

کھلونا موبائل

m0b1l3

بورڈ گیم

b04rd 64m3

ڈائس

d1c3

ماڈل ٹرین سیٹ

m0d3l 7r41n 537

ڈمی

dummy

پارٹی

p4r7y

تصاویروالی کتاب

p1c7ur3 b00k

گیند

b4ll

گڑیا

d0ll

کھیلنا

pl4y

سینڈ پٹ

54ndp17

جھولا جھولنا

5w1n6

کھلونے

70y

وڈیوگیم کنسول

v1d30 64m3 c0n50l3

تین پہیوں والی سائیکل

7r1cycl3

ٹیڈی بیئر

73ddy b34r

کپڑوں کی الماری

w4rdr0b3

لباس

cl07h1n6

موزے

50ck5

اسٹاکنگز

570ck1n65

ٹائٹس

716h75

اسکارف
5c4rf

چھتری
umbr3ll4

ٹی شرٹ
7-5h1r7

بیلٹ
b3l7

بوٹ
b0075

سلیپر
5l1pp3r5

اسنیکرز
5n34k3r5

سینڈل
54nd4l5

جوتے
5h035

ربڑ کے بوٹس
rubb3r b0075

زیرجامہ
br13f5

بریزیئر
br4

واسکٹ
und3r5h1r7

جسم

b0dy

پتلون

p4n75

جینز

j34n5

اسکرٹ

5k1r7

بلاؤز

bl0u53

قمیض

5h1r7

پُل اوور

pull0v3r

سویٹر

5w3473r

بلیزر

bl4z3r

جیکٹ

j4ck37

کوٹ

c047

رین کوٹ

r41nc047

کوئی خاص لباس

c057um3

لباس

dr355

شادی کا لباس

w3dd1n6 dr355

سوٹ

5u17

نائٹ گاؤن

n16h760wn

پائجامہ

p4j4m45

ساڑھی

54r1

سرپرلیا جانےوالا اسکارف

h34d5c4rf

پگڑی

7urb4n

بُرقع

burk4

کفتان

k4f74n

عبایہ

4b4y4

تیراکی کا سوٹ

5w1m5u17

ٹرنک

7runk5

نیکر

5h0r75

ٹریک سوٹ

7r4ck5u17

اپرن

4pr0n

دستانے

6l0v35

بٹن

bu770n

عینک

6l45535

کنگن

br4c3l37

ہار

n3ckl4c3

انگوٹھی

r1n6

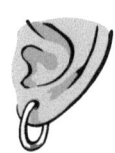

کانوں کی بالیاں

34rr1n6

ٹوپی

c4p

کوٹ ہینگر

c047 h4n63r

ہیٹ

h47

ٹائی

713

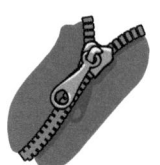

زپ

z1p

ہیلمٹ

h3lm37

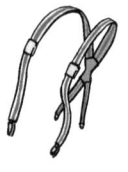

بریسز

br4c35

سکول یونیفارم

5ch00l un1f0rm

وردی

un1f0rm

بب

b1b

ڈمی

dummy

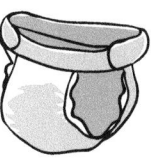

نیپی

d14p3r

دفتر

0ff1c3

سرور
53rv3r
فائلوں کی الماری
f1l1n6 c4b1n37
پرنٹر
pr1n73r
کاغذ
p4p3r
مانیٹر
m0n170r
ماؤس
m0u53
میز
d35k
فولڈر
f0ld3r
کی بورڈ
k3yb04rd
ch41r
ویسٹ پیپرباسکٹ
w4573-p4p3r b45k37
کمپیوٹر
c0mpu73r

کافی مگ

c0ff33 mu6

کیلکولیٹر

c4lcul470r

انٹرنیٹ

1n73rn37

لیپ ٹاپ

l4p70p

خط

l3773r

پیغام

m355463

موبائل

c3ll ph0n3

نیٹ ورک

n37w0rk

فوٹوکاپئیر

ph070c0p13r

سافٹ ویئر

50f7w4r3

ٹیلی فون

73l3ph0n3

پلگ ساکٹ

plu6 50ck37

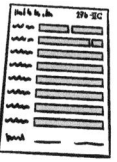

فیکس مشین

f4x m4ch1n3

فارم

f0rm

دستاویز

d0cum3n7

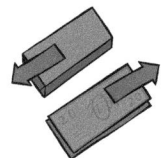

معیشت

3c0n0my

خریدنا

buy

ادائیگی کرنا

p4y

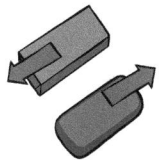

تجارت کرنا

7r4d3

رقم

m0n3y

ڈالر

d0ll4r

یورو

3ur0

ین

y3n

روبل

r0ubl3

سوئس فرانک

5w155 fr4nc

رینمنیبی یوآن

r3nm1nb1 yu4n

روپیہ

rup33

کیش پوائنٹ

c45h p01n7

رقم تبدیل کرانے کیلئے دفتر

curr3ncy 3xch4n63 0ff1c3

سونا

60ld

چاندی

51lv3r

خام تیل

01l

توانائی

3n3r6y

قیمت

pr1c3

معاہدہ

c0n7r4c7

ٹیکس

74x

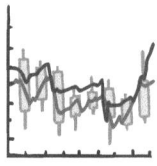

اسٹاک

570ck

کام کرنا

w0rk

ملازم

3mpl0y33

آجر

3mpl0y3r

فیکٹری

f4c70ry

دکان

5h0p

پیشے
0ccup4710n5

پولیس افسر
p0l1c3 0ff1c3r
فائرمین
f1r3m4n
خانساماں، کُک
c00k
ڈاکٹر
d0c70r
پائلٹ
p1l07

مالی
....
64rd3n3r

ترکھان
....
c4rp3n73r

درزن
....
534m57r355

جج
....
jud63

کیمسٹ
....
ch3m157

اداکار
....
4c70r

بس ڈرائیور

bu5 dr1v3r

ٹیکسی ڈرائیور

74x1 dr1v3r

مچھیرا

f15h3rm4n

صفائی کرنے والی عورت

cl34n1n6 l4dy

چھت بنانے والا

r00f3r

ویٹر

w4173r

شکاری

hun73r

پینٹر

p41n73r

بیکر

b4k3r

الیکٹریشین

3l3c7r1c14n

بلڈر

bu1ld3r

انجینئیر

3n61n33r

قصائی

bu7ch3r

پلمبر

plumb3r

ڈاکیا

p057m4n

سپاہی

50ld13r

آرکیٹیکٹ

4rch173c7

کیشیئر

c45h13r

پھول بیچنے والا

fl0r157

نائی

h41rdr3553r

کنڈکٹر

c0nduc70r

مکینک

m3ch4n1c

کپتان

c4p741n

ڈینٹسٹ

d3n7157

سائنسدان

5c13n7157

یہودی عالم

r4bb1

امام

1m4m

راہب

m0nk

پادری

p4570r

اوزار
700l5

h4mm3r
پلائرز
pl13r5
پیچ کس
5cr3wdr1v3r
رینچ
wr3nch
ٹارچ
70rch

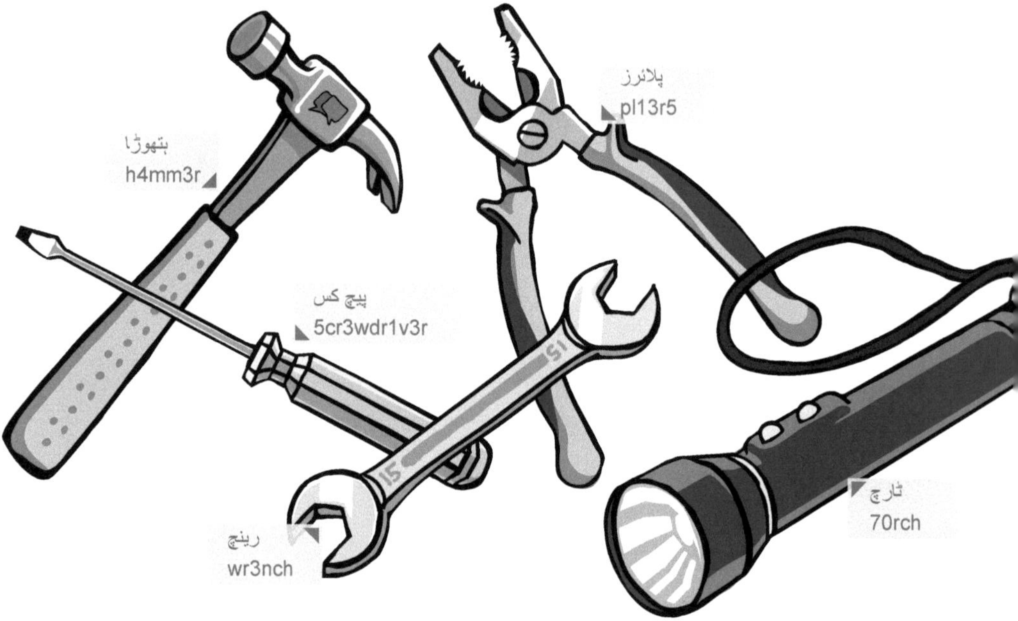

ایکسکویٹر

3xc4v470r

ٹول باکس

700lb0x

سیڑھی

l4dd3r

آری

54w

کیل

n41l5

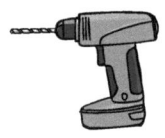

ڈرل

dr1ll

مرمت کرنا

r3p41r

بیلچہ

5h0v3l

لعنت ہو!

d4mn!

ڈسٹ پین

du57p4n

پینٹ پاٹ

p41n7 c4n

پیچ

5cr3w5

آلات موسیقی

mu51c4l 1n57rum3n75

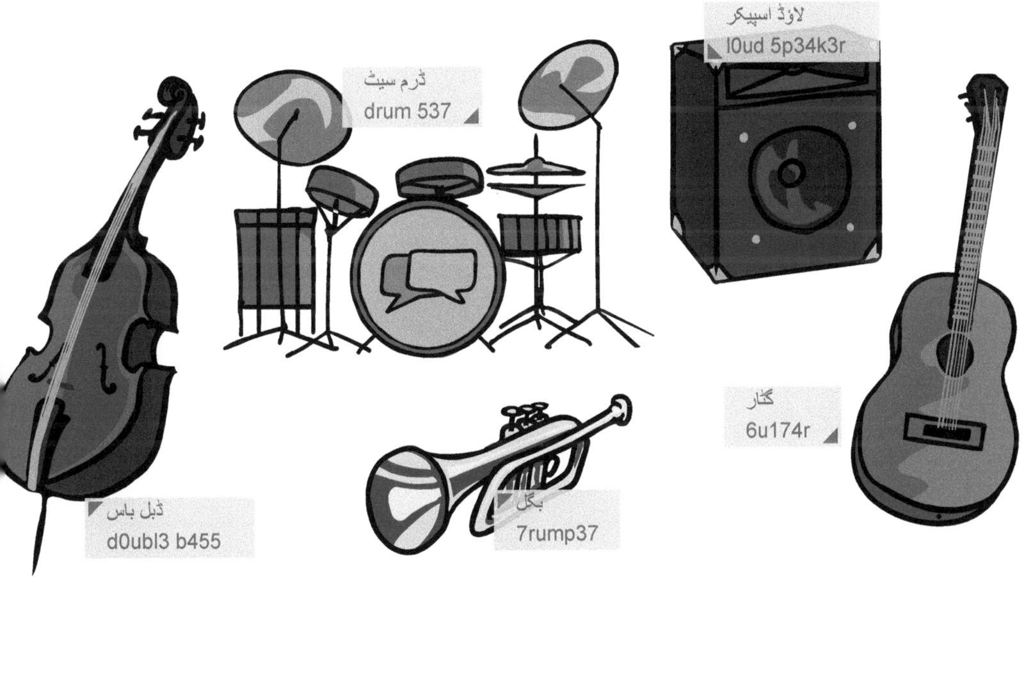

لاؤڈ اسپیکر
l0ud 5p34k3r
ڈرم سیٹ
drum 537
گٹار
6u174r
ڈبل باس
d0ubl3 b455
بگل
7rump37

پیانو

p14n0

وائلن

v10l1n

موسیقی کی آواز

b455

ٹمپانی

71mp4n1

ڈھول، ڈرمز

drum5

کی بورڈ

k3yb04rd

سیکسوفون

54x0ph0n3

بانسری

flu73

مائیکروفون

m1cr0ph0n3

چڑیا گھر

z00

داخلے کا راستہ
3n7r4nc3
چیتا
7163r
پنجرہ
c463
زیبرا
z3br4
جانوروں کا چارہ
4n1m4l f33d
پانڈا
p4nd4

جانور

4n1m4l5

ہاتھی

3l3ph4n7

کینگرو

k4n64r00

گینڈا

rh1n0

گوریلا

60r1ll4

ریچھ

b34r

اونٹ

c4m3l

شُترمُرغ

057r1ch

شیر

l10n

بندر

m0nk3y

فلیمنگو

fl4m1n60

طوطا

p4rr07

قطبی ریچھ

p0l4r b34r

کبوتر

p3n6u1n

شارک

5h4rk

مور

p34c0ck

سانپ

5n4k3

مگرمچھ

cr0c0d1l3

چڑیا گھر کا محافظ

z00k33p3r

سیل

534l

امریکی تیندوا

j46u4r

ٹٹو

p0ny

چیتا

l30p4rd

دریائی گھوڑا

h1pp0

زرافہ

61r4ff3

عقاب

346l3

سؤر

b04r

مچھلی

f15h

کچھوا

7ur7l3

سمندری گھوڑا

w4lru5

لومڑی

f0x

غزال ہرن

64z3ll3

کھیلیں

5p0r75

امریکن فٹ بال
4m3r1c4n f007b4ll
سائیکلنگ
cycl1n6
ٹینس
73nn15
باسکٹ بال
b45k37b4ll
پیراکی
5w1mm1n6
باکسنگ
b0x1n6
آئس ہاکی
1c3 h0ck3y

فٹ بال

50cc3r

بیڈمنٹن

b4dm1n70n

اتھلیٹکس

47hl371c5

ہینڈ بال

h4ndb4ll

اسکیئنگ

5k11n6

پولو

p0l0

سرگرمیاں
4c71v17135

ہنسنا
l4u6h
چھلانگ
گلے لگانا
hu6
چلنا
w4lk
گانا
51n6
خواب دیکھنا
dr34m
دُعا کرنا
pr4y
چُومنا
k155

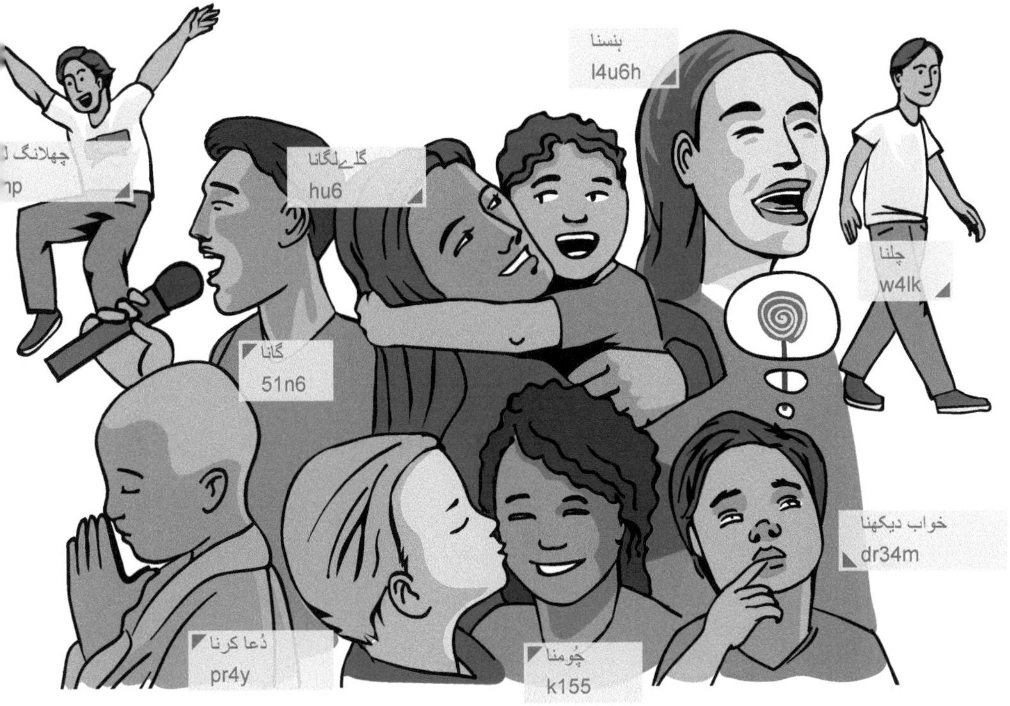

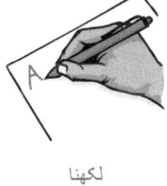

لکھنا
wr173

تصویرکشی کرنا
dr4w

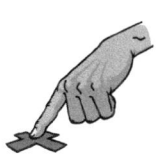

دکھانا
5h0w

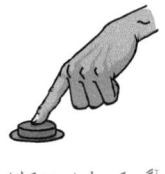

آگے کی طرف دھکیلنا
pu5h

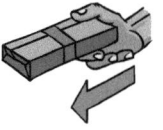

دینا
61v3

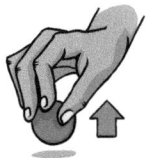

لینا
74k3

رکھنا

h4v3

کرنا

d0

ہونا

b3

کھڑا ہونا

574nd

دوڑنا

run

کھینچنا

pull

پھینکنا

7hr0w

گرنا

f4ll

جھوٹ بولنا

l13

انتظار کرنا

w417

اُٹھانا

c4rry

بیٹھنا

517

ملبوس ہونا

637 dr3553d

سونا

5l33p

جاگنا

w4k3 up

دیکھنا

l00k 47

رونا

cry

چوٹ لگانا

57r0k3

کنگھی کرنا

c0mb

بات کرنا

74lk

سمجھنا

und3r574nd

پوچھنا

45k

مُتوجہ ہونا

l1573n

پینا

dr1nk

کھانا

347

صاف کرنا

71dy up

پیارکرنا

l0v3

پکانا

c00k

گاڑی چلانا

dr1v3

اُڑنا

fly

بحری سفر کرنا

....

541l

شمار کریں

....

c4lcul473

پڑھنا

....

r34d

سیکھنا

....

l34rn

کام کرنا

....

w0rk

شادی کرنا

....

m4rry

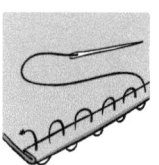

سینا

....

53w

دانت صاف کرنا

....

bru5h 7337h

جان سے مار دینا

....

k1ll

تمباکونوشی کرنا

....

5m0k3

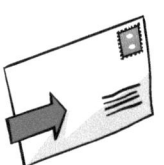

بھیجنا

....

53nd

دادی
6r4ndm07h3r

دادا
6r4ndf47h3r

باپ
f47h3r

ماں
m07h3r

طفل
b4by

بیٹی
d4u6h73r

بیٹا
50n

مہمان

6u357

چچی

4un7

چچا

uncl3

بھائی

br07h3r

بہن

51573r

جسم
b0dy

ماتھا
f0r3h34d
آنکھ
3y3
کندھا
5h0uld3r
انگلی
f1n63r
چہرہ
f4c3
ٹھوڑی
ch1n
ہاتھ
h4nd
ٹانگ
l36
چھاتی
br3457
بازو
4rm

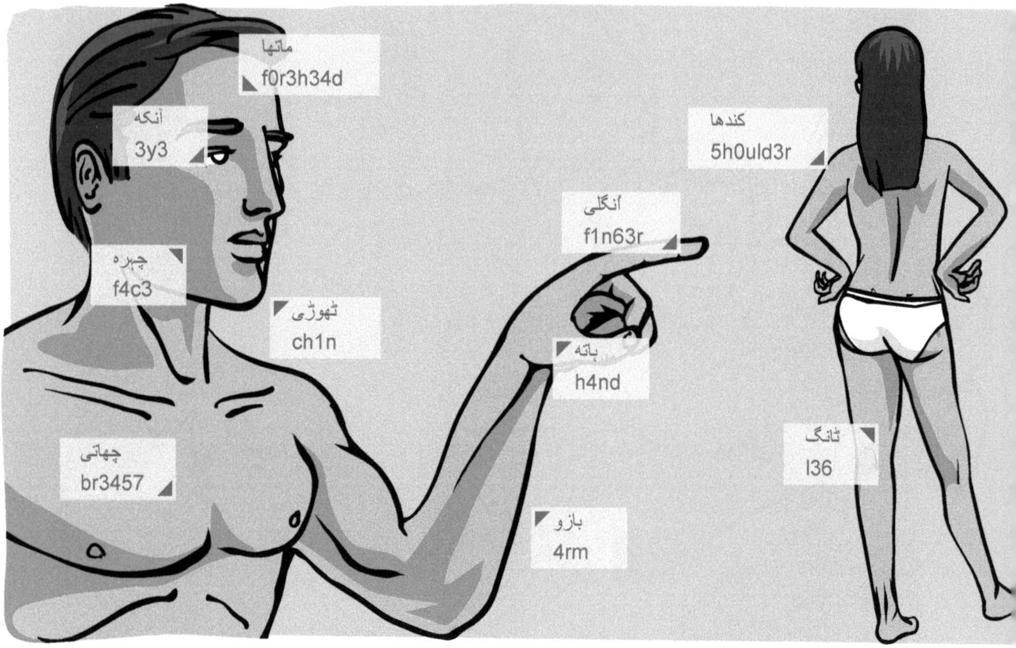

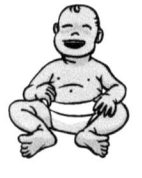

طفل
b4by

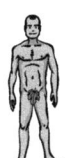

آدمی
m4n

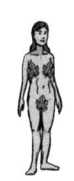

عورت
w0m4n

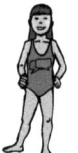

لڑکی
61rl

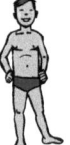

لڑکا
b0y

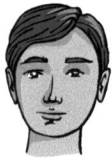

سر
h34d

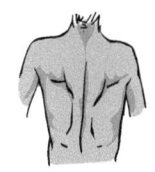

کمر

b4ck

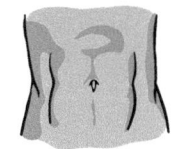

پیٹ

b3lly

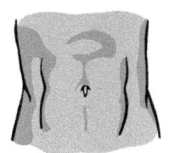

ناف

n4v3l

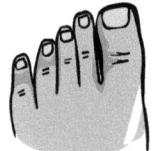

پاؤں کا انگوٹھا

703

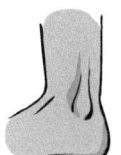

ایڑھی

h33l

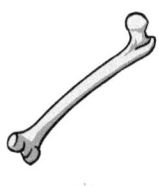

ہڈی

b0n3

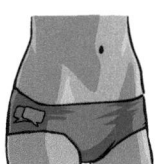

کولہا

h1p

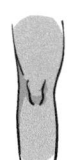

گھٹنا

kn33

کہنی

3lb0w

ناک

n053

نچلا حصہ

bu770ck5

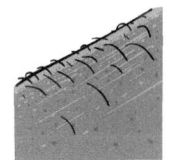

جلد

5k1n

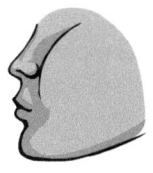

گال

ch33k

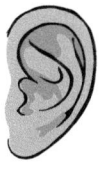

کان

34r

ہونٹ

l1p

جسم - b0dy　　　69

مُنہ

m0u7h

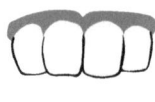

دانت

7007h

زُبان

70n6u3

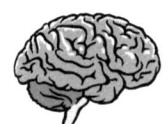

دماغ

br41n

دل

h34r7

پٹھہ

mu5cl3

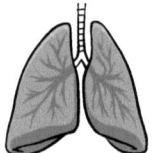

پھیپھڑا

lun6

جگر

l1v3r

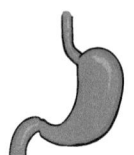

معدہ

570m4ch

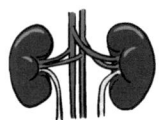

گردے

k1dn3y5

جنس

53x

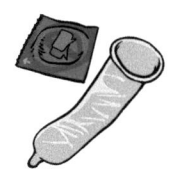

کنڈوم

c0nd0m

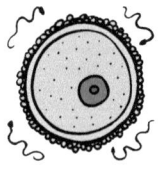

بیضہ

0vum

مادہ منویہ

53m3n

حمل

pr36n4ncy

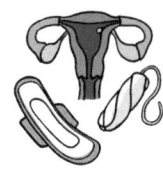

حیض

....

m3n57ru4710n

اندام نهانی

....

v461n4

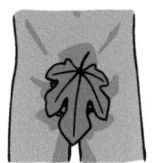

عضو تناسل

....

p3n15

بهنویں

....

3y3br0w

بال

....

h41r

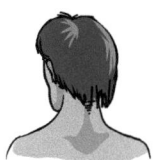

گردن

....

n3ck

ہسپتال

h05p174l

ایمبولینس
4mbul4nc3
wh33lch41r
ہڈی ٹوٹنا
fr4c7ur3

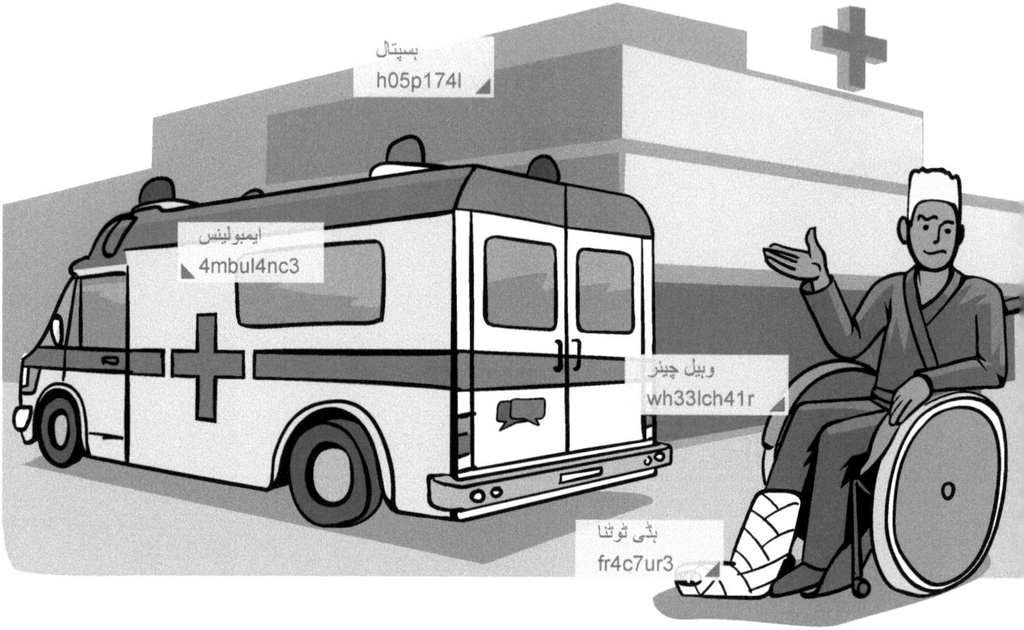

ڈاکٹر

d0c70r

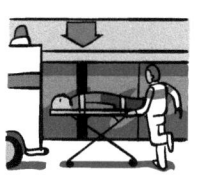

ہنگامی کمرہ

3m3r63ncy r00m

نرس

nur53

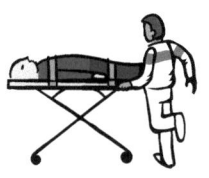

ہنگامی صورتحال

3m3r63ncy

بےہوش

unc0n5c10u5

درد

p41n

زخم

1njury

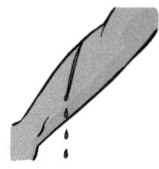

خون بہنا

bl33d1n6

دل کا دورہ

h34r7 4774ck

فالج

57r0k3

الرجی

4ll3r6y

کھانسی

c0u6h

بخار

f3v3r

زکام

flu

اسہال

d14rrh34

سردرد

h34d4ch3

کینسر

c4nc3r

ذیابیطس

d14b3735

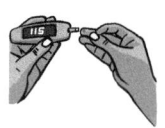

سرجن

5ur630n

نشتر

5c4lp3l

آپریشن

0p3r4710n

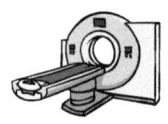

سی ٹی

c7

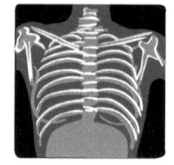

ایکس رے

x-r4y

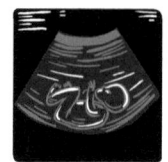

الٹراساؤنڈ

ul7r450und

چہرے کا نقاب

f4c3 m45k

بیماری

d153453

انتظارگاہ

w4171n6 r00m

بیساکھی

cru7ch

پلاسٹر

pl4573r

پٹی

b4nd463

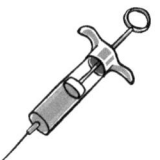

انجکشن

1nj3c710n

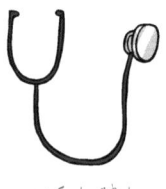

اسٹیتھواسکوپ

5737h05c0p3

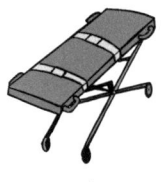

اسٹریچر

57r37ch3r

مطبی تھرما میٹر

cl1n1c4l 7h3rm0m373r

پیدائش

b1r7h

حد سےزیادہ وزن

0v3rw316h7

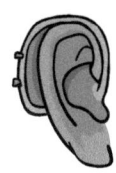

آلہ سماعت

....

h34r1n6 41d

جراثیم کش

....

d151nf3c74n7

انفیکشن

....

1nf3c710n

وائرس

....

v1ru5

ایچ آئی وی/ ایڈز

....

h1v / 41d5

دوا

....

m3d1c1n3

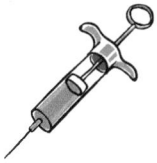

ویکسی نیشن

....

v4cc1n4710n

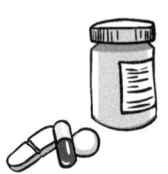

گولیاں

....

74bl375

گولی

....

p1ll

ہنگامی کال

....

3m3r63ncy c4ll

بلڈ پریشرمانیٹر

....

bl00d pr355ur3 m0n170r

بیمار / صحتمند

....

1ll / h34l7hy

ہنگامی صورتحال

3m3r63ncy

مدد!

h3lp!

الارم

4l4rm

مُجرمانہ حملہ

4554ul7

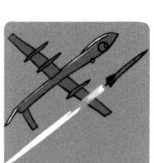

حملہ

4774ck

خطرہ

d4n63r

ہنگامی راستہ

3m3r63ncy 3x17

آگ!

f1r3!

آگ بُجھانے والہ آلہ

f1r3 3x71n6u15h3r

حادثہ

4cc1d3n7

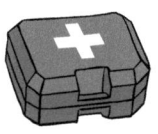

ابتدائی طبی امداد کی کٹ

f1r57-41d k17

ایس او ایس

505

پولیس

p0l1c3

زمین
34r7h

یورپ

3ur0p3

شمالی امریکہ

n0r7h 4m3r1c4

جنوبی امریکہ

50u7h 4m3r1c4

افریقہ

4fr1c4

ایشیا

4514

آسٹریلیا

4u57r4l14

بحراوقیانوس

47l4n71c

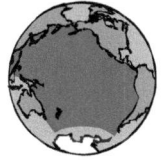

بحرالکاہل

p4c1f1c

بحرہند

1nd14n 0c34n

بحرقُطب جنوبی

4n74rc71c 0c34n

بحرقُطب شمالی

4rc71c 0c34n

قُطب شمالی

n0r7h p0l3

قُطب جنوبى

50u7h p0l3

انتارکتیکا

4n74rc71c4

زمین

34r7h

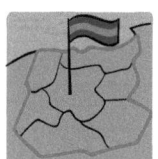

زمین

l4nd

سمندر

534

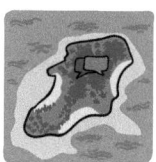

جزیره

15l4nd

قوم

n4710n

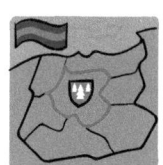

ریاست

57473

کلاک

cl0ck

کلاک کا سامنے کا حصہ

cl0ck f4c3

گھنٹوں والی سوئی

h0ur h4nd

منٹوں والی سوئی

m1nu73 h4nd

سیکنڈ ہینڈ

53c0nd h4nd

کیا وقت ہوا ہے؟

wh47 71m3 15 17?

دن

d4y

وقت

71m3

اب

n0w

ڈیجیٹل گھڑی

d16174l w47ch

منٹ

m1nu73

گھنٹہ

h0ur

سوموار
m0nd4y

MO

بدھوار
w3dn35d4y

W

جمعہ
fr1d4y

FR

TU

TH

SA

منگلوار
7u35d4y

ہفتہ
547urd4y

جمعرات
7hur5d4y

SO

اتوار
5und4y

گزرا کل
y3573rd4y

آج
70d4y

کل
70m0rr0w

صبح
m0rn1n6

دوپہر
n00n

شام
3v3n1n6

کاروباری دن
w0rkd4y5

ہفتے کا اختتام
w33k3nd

سال

y34r

بارش
r41n
قوس قزح
r41nb0w
ہوا
w1nd
برف
5n0w
بہار
5pr1n6
خزاں
f4ll
موسم گرما
5umm3r
موسم سرما
w1n73r

4.APRIL 11°
5.APRIL 4°
6.APRIL 13°
7.APRIL 8°
8.APRIL 10°

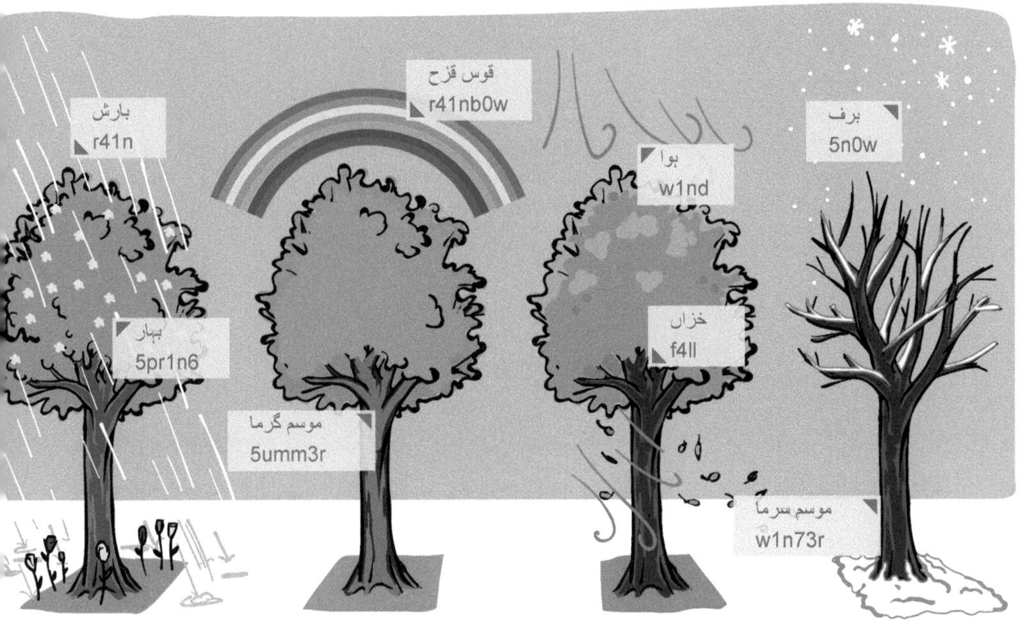

موسمی پیش گوئی

w347h3r f0r3c457

F C
120 90 60 30 0 -30
40 30 20 10 0 -10 -20

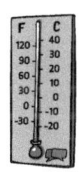

تھرما میٹر

7h3rm0m373r

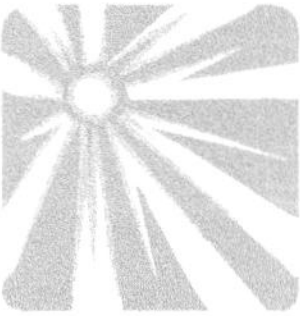

دھوپ

5un5h1n3

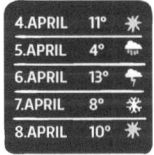

بادل

cl0ud

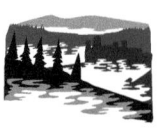

دُھند

f06

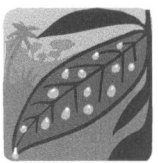

حبس

hum1d17y

بجلی کوندھنا

l16h7n1n6

بادلوں کی گرج

7hund3r

طوفان

570rm

ژالہ باری

h41l

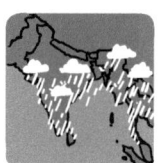

مون سون

m0n500n

سیلاب

fl00d

برف

1c3

جنوری

j4nu4ry

فروری

f3bru4ry

مارچ

m4rch

اپریل

4pr1l

مئی

m4y

جون

jun3

جولائی

july

اگست

4u6u57

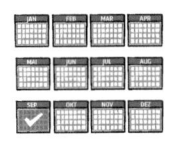

ستمبر

....

53p73mb3r

اکتوبر

....

0c70b3r

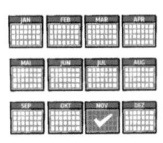

نومبر

....

n0v3mb3r

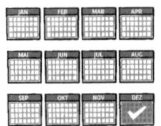

دسمبر

....

d3c3mb3r

اشکال

5h4p35

دائره

....

c1rcl3

چوکور

....

5qu4r3

مُستطیل

....

r3c74n6l3

تکون

....

7r14n6l3

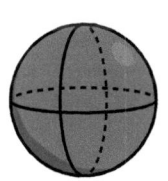

گره

....

5ph3r3

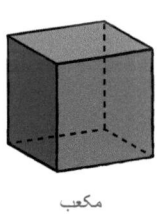

مکعب

....

cub3

رنگ

c0l0r5

سفید

wh173

پیلا

y3ll0w

نارنجی

0r4n63

گلابی

p1nk

سُرخ

r3d

جامنی

purpl3

نیلا

blu3

سبز

6r33n

بھورا

br0wn

مٹیالا

6r4y

سیاہ

bl4ck

مخالف

0pp051735

بہت زیادہ / بہت کم

....

4 l07 / 4 l177l3

ناراض / پُرسکون

....

4n6ry / c4lm

خوبصورت / بدصورت

....

b34u71ful / u6ly

آغاز / اختتام

....

b361nn1n6 / 3nd

بڑا / چھوٹا

....

b16 / 5m4ll

روشن / اندھیرا

....

br16h7 / d4rk

بھائی / بہن

....

br07h3r / 51573r

صاف / گندا

....

cl34n / d1r7y

مکمل / نامکمل

....

c0mpl373 / 1nc0mpl373

دن / رات

....

d4y / n16h7

زندہ / مُردہ

....

d34d / 4l1v3

چوڑا / تنگ

....

w1d3 / n4rr0w

کھانےکےقابل ہونا / کھانےکےقابل نہ ہونا

3d1bl3 / 1n3d1bl3

بُرا / اچھا

3v1l / k1nd

پُرجوش / بوریت کا شکار

3xc173d / b0r3d

موٹا / دُبلا

f47 / 7h1n

پہلا / آخری

f1r57 / l457

دوست / دُشمن

fr13nd / 3n3my

بھرا ہوا / خالی

full / 3mp7y

سخت / نرم

h4rd / 50f7

بوجھل / ہلکا

h34vy / l16h7

بھوک / پیاس

hun63r / 7h1r57

بیمار / صحتمند

1ll / h34l7hy

غیرقانونی / قانونی

1ll364l / l364l

عقلمند / بیوقوف

1n73ll163n7 / 57up1d

بائیں / دائیں

l3f7 / r16h7

نزدیک / دور

n34r / f4r

نیا / پُرانا

n3w / u53d

کچھ نہیں / کچھ ہے

n07h1n6 / 50m37h1n6

بوڑھا / نوجوان

0ld / y0un6

آن / آف

0n / 0ff

کُھلا / بند

0p3n / cl053d

خاموش / بُلند آواز

qu137 / l0ud

امیر / غریب

r1ch / p00r

ٹھیک / غلط

r16h7 / wr0n6

کھُردرا / ہموار

r0u6h / 5m007h

افسردہ / خوش

54d / h4ppy

مُختصر / طویل

5h0r7 / l0n6

آہستہ / تیز

5l0w / f457

گیلا / خُشک

w37 / dry

گرم / ٹھنڈا

w4rm / c00l

جنگ / امن

w4r / p34c3

اعداد
numb3r5

0	1	2
صفر	ایک	دو
z3r0	0n3	7w0
3	4	5
تین	چار	پانچ
7hr33	f0ur	f1v3
6	7	8
چھ	سات	آٹھ
51x	53v3n	316h7
9	10	11
نو	دس	گیارہ
n1n3	73n	3l3v3n

12	**13**	**14**
باره	تیره	چوده
....	....	....
7w3lv3	7h1r733n	f0ur733n
15	**16**	**17**
پندره	سوله	ستره
....	....	....
f1f733n	51x733n	53v3n733n
18	**19**	**20**
اٹھاره	انیس	بیس
....	....	....
316h733n	n1n3733n	7w3n7y
100	**1.000**	**1.000.000**
سو	ہزار	دس لاکه
....	....	....
hundr3d	7h0u54nd	m1ll10n

زبانیں

l4n6u4635

انگریزی
....
3n6l15h

امریکی انگریزی
....
4m3r1c4n 3n6l15h

چینی مینڈارین
....
ch1n353 m4nd4r1n

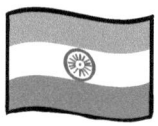

ہندی
....
h1nd1

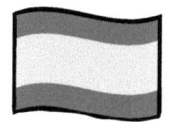

ہسپانوی
....
5p4n15h

فرانسیسی
....
fr3nch

عربی
....
4r4b1c

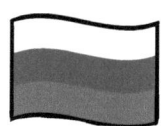

روسی
....
ru5514n

پُرتگالی
....
p0r7u6u353

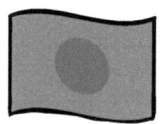

بنگالی
....
b3n64l1

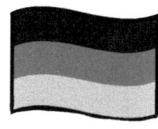

جرمن
....
63rm4n

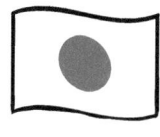

جاپانی
....
j4p4n353

کون / کیا / کیسے

wh0 / wh47 / h0w

میں

1

تم

y0u

وہ (لڑکا) / وہ (لڑکی) / یہ

h3 / 5h3 / 17

ہم

w3

تم

y0u

وہ

7h3y

کون؟

wh0?

کیا؟

wh47?

کیسے؟

h0w?

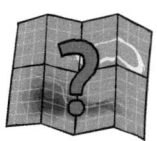

کہاں؟

wh3r3?

کب؟

wh3n?

نام

n4m3

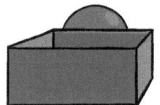

کہاں

wh3r3

پیچھے
b3h1nd

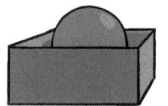

میں
1n

کے سامنے
1n fr0n7 0f

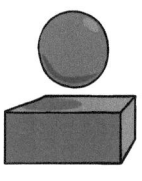

اوپر
0v3r

پر
0n

نیچے
und3r

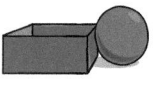

ساتہ
b351d3

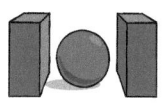

درمیان
b37w33n

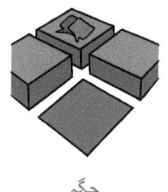

جگہ
pl4c3